그리운 역

김교한 시조집

창연

그리운 역

머리말

한 세월 지내고 보니 생각에 잠길 때마다

좀처럼 지울 수 없는 그림자가 떠오른다

그것은 큰 산의 거목 같고 장강의 속삭임 같은……

둘러가도 멀리 보며 같은 길 가자 하였다

계층 없이 푸르고 전하여 온 겨레의 자산

갈수록 너무나 믿음직한 한 목소리 그립다

(시조의 길)
2020년 9월 18일
울주 김교한

차 례

머리말 / 5

제1부 그리운 역

그리운 역 / 13
계절의 빈자리 / 14
절차節次 / 15
낙엽은 / 16
꽃잎 언저리 / 17
낙엽 그 감춘 함성 / 18
목련꽃 지는 날 / 19
낙엽의 귀로 / 20
다뉴브강의 파도 소리 / 21
낙엽이 지고 있다 / 22
주남저수지에서 / 23
꽃이 영글 그날 위해 / 24
고향의 눈 / 25
길섶의 잡초 / 26

제2부 거목 앞에서

거목 앞에서 / 29
군자란과 가족 생각 / 30
초심 / 31
샘터 앞에서 / 32
가고파 시비 앞에서 / 33
명상의 샘터 / 34
다시 본 가고파 시비 / 35
샘터 생각 / 36
광장은 / 37
샘터 단상斷想 / 38
고요 푸른 연지정沈知亭 / 39
약수암 / 40
그늘 / 41
세월 그 고목 / 42

제3부 얼룩진 지도에도

얼룩진 지도에도 / 45
추억의 영도다리 / 46
회상의 완월폭포 / 47
전단지 / 48
노산 이은상 선생 / 49
목련꽃 앞에서 / 50
영원한 고향의 노을 / 51
저 하늘 / 52
흘러간 날 / 53
잊지 못할 유년의 길 / 54
골목길 / 55
방황 / 56
해바라기 / 57

제4부 세월의 강물

세월의 강물 / 61
휠체어 걸음 곁에서 / 62
북동시장 진입로 / 63
기업가 정신의 현주소 / 64
설악산 무산 조오현 스님 생각 / 65
화개 나루터에서 / 66
선물 / 67
지문指紋 / 68
그릇 앞에서 / 69
저녁길 / 70
잔설 / 71
산문山門 / 72
강물 앞에서 / 73

제5부 가고파의 그림자

가고파의 그림자 / 77
바람 부는 바닷가에서 / 78
흔적 / 79
성파 큰 스님과 우리 시조 / 80
백계산 동백림 / 81
가고파의 은유 / 82
그리운 백계산 / 83
발돋움하는 깃발 / 84
설야의 대숲 소리 / 85
봄 백계산 / 86
열차 / 87
보袱의 노래 / 88
시조 앞에서 1 / 89
시조 앞에서 2 / 90

해설 정결한 소망이 물빛처럼 피어나는 그리움의 서정 | 유성호 / 93

제1부
그리운 역

그리운 역

우리들은 언제부턴가

큰길 앞에 서 있었다

그리고 인내하며

멀리 보고 가야 했다

아쉬움 참아 가면서

세월 앞에 성찰해 왔다

고향길 하나 되게

그대가 있어 가능했다

비 오고 바람 불어도

자국 놓고 오가는

언제나 그리운 노래가 울릴

광장은 기대가 크다

계절의 빈자리

꽃잎은 언제 질지 말하지 않지마는

누군가의 만남 위해 공들이고 있다가

바람의 기별을 받아 별리를 고할 거다

놀라운 탄생 하나 짐작조차 못했어도

어찌 그리 때맞추어 마중 나와 있는가

내밀히 기다리며 가꾸어 온 계절의 빈자리

절차節次

잠시 후면 늦을지도
모르는 시대를 맞아

어느새 소음 속에
또 하루가 가고 있다.

못 놓칠 당부를 두고
방황하는 사이에

모든 일이 소원대로
되어주지 않더라도

아직도 더 참고
믿음 주고 싶은 날에

우선은 우리들 스스로의
공감 절차 소중하다

낙엽은

바람이 일 때마다 돌아설 명분이 선다

저문 날 한 잎 두 잎 떨어지며 흔들리는

한 생애 순간을 지피는 찬란한 작별이 있다

만류挽留를 팽개치고 변신한 석양길에

장엄한 몸짓들이 허공을 두드리며

우수수 고향이 그리운 시절 다 참고 물러서는가

꽃잎 언저리

꽃잎은 언제 질지 그 순간을 함구하면서

고요를 조각하는 여울인 듯하다가도

스치는 바람 탓으로 핑계 짓고 떠나는가

한동안 돌고 돌아 성숙해진 기다림 앞에

들려온 자국 소리는 너무 멀리 가 있지만

철 되면 옷 갈아입는 산의 울림 못 지운다

낙엽 그 감춘 함성

잎잎이 흔들리는 속삭임이 줄 잇는가

바람의 발자국이 시간을 익힐수록

서서히 통곡의 수를 놓고 정처 없이 자리 뜬다

한번 짚은 소중한 연緣을 어찌 쉽게 지우랴

한사코 몸부림치는 언덕마다 수를 놓고

침묵의 계단을 불 지르는 함성으로 다가온다

목련꽃 지는 날

지고 싶어 지는 꽃이

어디에 있겠는가

가신 봄 데려다 놓고

제 먼저 길 떠나니

바람도 어지러이 불어

상처만 내고 있다

낙엽의 귀로

어느새 나뭇잎이 석양 뿜고 있는 날

안개 비낀 저 고개를 건너온 길 돌아보니

꿈인 듯 고가古家 한 채가 비스듬히 잠겨있다

성장 끝에 바람 타고 떠나가는 몸부림들

층층이 낙하하는 방황의 길손이더니

드디어 회상回想의 길 건너 성숙의 문 여는가

때때로 거닐어보는 낯익은 굽잇길에

연기 없이 타고 있는 백주의 고별인사

못 놓칠 이 별리의 절규絶叫를 부슬비가 적시는가

다뉴브강의 파도소리

누구나 지칠수록 기대고 싶은 나날

오늘은 무탈하게 흘러가는가 여겼지만

너무나 가혹한 격랑이 대기하고 있었다

자고 나면 갖가지 손짓하는 유혹 속에

이름난 경개 찾아 들뜬 가슴 다스리며

뱃길에 몸을 실은 순간이 위기는 예약되었다

악몽 만난 다뉴브강 순간을 못 참았다

운명의 유람선 타고 아주 먼 길 가신 임들

더러는 한 걸음 걷기가 안갯속이 아니었나

낙엽이 지고 있다

잎잎이 뉘우치며 속삭이는 귀엣말들

언제가 떠나야 할 세월의 갈림길에

서둘러 통곡의 수를 놓고 돌아보지 않는다

한번 짚은 중한 연을 어찌 쉽게 지우랴

한사코 몸부림치는 그 너머 감춘 소리

둔감한 오솔길을 깨워놓고 석양 멀리 타고 있다

주남저수지에서

세상이 변했다고 아무리 야단쳐도

바람 앞에 손짓하는 갈대의 말 경청하면

아득한 내일을 꿈꾸는 세계가 출렁인다

한 계절 옷 갈아입힌 연못이며 가창오리

때 되면 또다시 시작하는 일념으로

그리도 잔잔한 울림을 하염없이 뿜고 있다

응시凝視하는 한참만에 기어코 답하는 듯

풀잎 열고 유영하는 물고기 두세 마리

그윽한 하늘의 숨소리 전해주고 사라진다

꽃이 영글 그날 위해

아무 데나 깔고 앉을
그런 자리 이제 없다

강물은 쉬지 않고
연이어 흘러가니

지난날 빚은 상처도
치유의 손 놓지 말자

어느 날 어디쯤에
꽃이 영글 그날 위해

이 땅 딛고 경건하게
일을 위해 일해왔는가

아쉬움 어찌 없겠나 마는
기다리는 내일이 있다

고향의 눈

오일장 들뜬 풍경 경량급 발걸음들

장터를 빠져나온 흐뭇한 귀갓길에

세모의 훈훈한 눈발이 그리움의 씨 뿌린다

길섶의 잡초

속 깊이 깨우치며 긴긴 세월 연을 맺고

걸음걸음 낯 익혀온 절제의 길섶에서

도리어 주인이 되어 흙의 당부 전해준다

바람 불고 비 내려도 온몸으로 맞이하며

순간도 자리 뜨거나 남 부러워하지 않고

격 높은 지순한 침묵 속에 새벽빛 짓고 있다

제2부
거목 앞에서

거목 앞에서

바람에 휘는 법을 가지마다 익히면서

오늘도 헛딛지 않는 계절의 지팡이 되어

잎 지는 울음소리마저 귀 기울이며 우뚝 섰다

기대고 싶은 둥지를 짓고 지친 걸음 망설이는가

온갖 풍상 다 헤치고 시간의 대하 건너온

우람한 이 원로 앞에서 길손은 길을 묻는가

군자란과 가족 생각

해마다 소리 없이 계절이 바뀌어도

그렇게 푸르게 제자리를 지켜냈다

정성껏 간추린 표정 인내의 보람이다

한때나마 말없이 보내주고 바라보는

그 표정 그리 쉽게 지울 수가 있으랴

오늘은 새벽을 열고 그리움을 깨우는가

한겨울 찬바람도 슬기롭게 대처하며

봄 맞은 베란다에서 때 만난 군자란

애썼다 가지런한 여러 송이 가족처럼 다 모였네

초심

바라보니 한 줄기 빛의 이랑 짓더니만

바람 앞에 쉽게 지는 심지 약한 꽃잎같이

초심이 무너지는 소리 느낌으로 다가온다

그늘 짙게 깔아 놓고 서성이는 서산 노을

남몰래 겪어야 할 비정한 시간 앞에

점점 더 저물고 있는 길섶에서 돌아본다

샘터 앞에서

그리도 가슴 적신 고향 정취 아니던가

생가터는 헌납하고 노숙 중인 유적 하나

목축일 그날은 언제 올까 일념으로 기원한다

바위 같은 신념으로 어둔 시대 대항해 온

그 흔적 무늬지어 우리 앞에 떠오른다

물 좋은 역사의 땅에 그 이름 못 지운다

사모의 물결치는 가고파의 그 발원지

바람도 별빛도 긴 세월을 소통해온

한없이 그리운 그 샘터 설레는 길 못 잊는다

가고파 시비 앞에서

떠도는 구름조차 물러간 쾌청한 날

푸른 솔 빛을 더해 설레는 광장에는

티 없는 고향의 얼굴 하나 환하게 떠올랐다

바람 불어 흔들어도 믿음은 산 같았다

시간 따라오며 가며 인연 짓는 이 역 머리

잊으랴 청량한 그 노래 가슴으로 풀고 싶다

기다림도 외로움도 그리움의 물결이었다

둘러가도 함께 갈 끝 모를 먼 길 앞에

햇살도 머물고 싶은 소망 한결 따사롭다

* 2013년 2월 6일 마산역 광장에 또 하나의 〈가고파〉 시비가 세워졌다.

명상의 샘터

깊숙이 가슴 메운
연민의 노변에서
하염없이 돌아앉아
명상에 잠겼는가
바람도 아무 기별 없이
낙엽만 찢고 있다

목마른 또 한 해를
구름처럼 보내주고
긴 세월 새겨놓은
그 상처 어찌 잊으랴
깊은 잠 깨어나야 할
물소리가 너무 멀다

* 샘터: 원래 샘터는 마산시에 바치고 도로개설로 1999년에 인근에 부실하게 옮겨진 은상이 샘

다시 본 가고파 시비

겨레의 노래 흘러 연륜을 더 새기며

역 머리 고향 땅에 산 같은 희망 열고

저기 저 시샘하는 날씨 같은 그림자를 넘고 있다

세월 속에 노을 비낀 침묵의 무게만큼

편견 없는 하늘 아래 안개 걷고 새는 날에

산산이 낙엽은 져도 표정 한결 묵중하다

샘터 생각

별빛도 구름도 잃은 연민의 이 샘터

어두운 시대 이 물 먹고 조국 강산 익히며

우리말 수호를 위해 헌신한 그 자취 우뚝하다

하나 남은 임의 유적 어찌 이리 손 놓고 있나

바람 불고 낙엽이 져도 돌아보는 이 거의 없네

긴긴날 기다림에 지친 채 한 시절이 또 저문다

광장은

실향의 한이 맺힌

그날들 어찌 잊으랴

시대는 흘러가도

굽이굽이 힘들어도

광장은 바람 부는 날에도

서두르지 않는다

샘터 단상斷想

어떤 일에도 남 탓 않고 하염없이 기다린다

절해의 고도에서도 철새는 올 것이지만

이렇게 목마른 샘터 앞에 무슨 사연이 기댈까

고요 푸른 연지정沈知亭

도심지 산 하나 너머

손 타지 않는 그림 한 폭

그날 그 그리움의

정적靜寂이 살아 푸른

산기슭 전망이 환한

연지정沈知亭이 한가롭다

고깃배가 출렁이는

산자락 오목 해변

갈매기 하얀 울음

떨구며 선회하는

긴 세월, 수절하고 있는

그 풍경이 여기 있다

* 연지정: 창원시 마산합포구 수정 마을 깊숙한 해변에 있는 작은 정자

약수암

토실 같은 암자 한 채 구석구석 다 비우고

오직 한 스님만 구름 멀리 뚫어보는

그 모습 영원한 그림자 아득한 큰 산이었다

짙푸른 솔바람 앞에 서성이다 상면할 때

동토에서 캐내어 준 청빈의 초근 가슴 울려

나그네 쉬이 지울 수 없는 실안개 걸친 그 산비탈

* 약수암: 밀양시 금오산에 있는 작은 암자. 50년 전의 추억.

그늘

밝는 날 태어나서

또 하루를 살아간다

나뭇가지에 매달려도

임의로 떠날 수 없어

오늘도 발견의 성지에서

서성이며 기다린다

부딪쳐 시퍼렇게

멍들고 있는 날에도

마음 한 뼘 내려놓을

청결한 터 닦고 있다

돌고 또다시 돌면서

큰 그림 꿈꾸고 있다

세월 그 고목

시린 땅에 발을 딛고 고난의 길을 열고

비바람 머금은 채 묵묵히 연륜을 지어

그 삶의 가지를 더해 그림자를 키워 왔다

불신의 거리조차 스스로 걸러내며

층층이 발 돋우어 철마다 커 온 분수

하늘에 허물을 벗고 빗질 홀로 하고 있다

어느덧 가을을 맞아 군데군데 이끼 자국

기억의 동강 달고 수리먹은 품을 안고

세월을 놓치지 않는 거울 되어 서 있다

제3부
얼룩진 지도에도

얼룩진 지도에도

여기저기 파인 자국 가슴 깊이 물든 날에

폐허처럼 무거운 아득한 그림 앞에서

세월이 지칠 때까지 사려 깊게 바라보자

어둠을 지키고 있는 별빛 같은 꿈을 묻고

얼룩진 지도에도 경계 없이 피는 꽃들

오직 그 기다림이 있기에 비바람 탓하지 않네

어쩌랴 서해 격랑 잠들 기미 보이지 않고

시간의 무한 자원 상처만 보태는가

분계선, 얼마나 더 지탱하랴 청산은 한줄기다

추억의 영도다리

하루에도 정오 때면 천문이 열리었다

우람히 솟구치는 기적의 절정 같은

그날 그 환상의 영도다리 내 유년의 무지개 탑

회상의 완월폭포

근심 걱정 다 던지고 줄기찬 함성 찾아

산의 정기 한 아름씩 가슴 뿌듯이 맞는 날은

좀처럼 돌아설 수 없는 포용 속에 잠겼다

계절이 바뀌어도 밤낮을 가리지 않고

지친 나날 일깨우며 일관되게 고해주는

그 울림, 그리움을 새기는 못 잊을 절규였다

* 완월폭포: 마산 무학산록에 있는 폭포

전단지

정처 없이 떠도는 나그네가 따로 없다

행인의 걸음 앞에 낙엽처럼 방황하다가

말없이 궂은 날에도 소통 위해 몸 던진다

수신자의 표시 없이 허공을 개척하며

다듬은 몸매로 자리 찾는 그림자들

일 바쁜 혼미를 제치고 골목길도 지키는가

애타게 기다리며 서성이는 운명을 지고

자고 나면 허전하게 길나서는 걸음 앞에

다투어 표정 다듬고 선택의 눈 잡는다

노산 이은상 선생

그 시대 가슴 울릴 별빛 같은 우리 노래

항일 애국 은유한 그리움도 가고파도

이 길에 몸 바친 그 자취 강물처럼 울린다

칠 년 임란 국운 지킨 충무공의 일기* 모아

『난중일기』 국역본을 정성 들여 간행한 일

위기의 바다를 지켜내어 승리한 비문이네

어둔 시대 두 번의 옥중생활 못 잊는다

한 번은 우리말·글 수호활동 그 때문이며

두 번쨰 유세 거절로 투옥 중 해방을 맞은 일이었다

* 한문본漢文本
** 노산 선생의 옥중생활
  첫 번째: 가혹한 고문을 당한 흥원경찰서와 함흥형무소
           (1942.12.23.~1943.9.18.)
  두 번째: 광양경찰서 구금(1945.2.2.~해방을 맞음)

목련꽃 앞에서

계절의 성문 앞에 새벽을 여는 목련이 있다

때 묻은 소매를 정 깊이 다듬으며

잔설이 무너질 날을 애타게 달래고 있다

영원한 고향의 노을

실향의 울음소리 캐러 다닌 때 있었다

낙엽처럼 나부끼는 한 시대의 유혹 속에

꼿꼿이 붓을 지킨 그 목숨을 받쳐온 노을을 본다

기로에서 상처 받은 그 흔적 움푹하다

그칠 줄 모르는 옷섶을 적시게 한

그날 그 이름표도 놓쳐버린 노비산은 숙연한데

항일 옥중 쓰린 자국 누가 아니라 하는가

그래도 오직 한결 그리움을 달구는

그 일념 한 많은 풍우 속에도 가고파를 부른다

저 하늘

높푸른 저 하늘을 하염없이 바라보니

지나간 한 시절이 백운처럼 떠올라

오늘은 할 일이 무엇인지 은근히 고해 주네

아침인가 여겼더니 어느새 저녁이었고

침잠하지 못한 후회 바위같이 무거워도

머나먼 여명을 맞이할 언덕은 서성이네

흘러간 날

잊었던 얼굴들이 드문드문 떠오른다

아직도 어디선가 속 보이는 일들이며

머나먼 어둠 속을 조명하는 절차 어찌 놓치랴

비바람 몰아쳐도 먼산 보고 지내야 하나

제 할 일 다 하고서야 기다리는 풍경 뜬다

어느덧 이런저런 소란 속에 또 한 해가 찍고 간다

높푸른 저 하늘의 찬달이 손짓해도

믿고 싶은 것 밖에는 보이지 않는 일상

한 번쯤 흘러간 날 돌아보라 들려오는 울림 있다

잊지 못할 유년의 길

갈수록 어지러운
세월 그 여울 속에

기다림만 비워두고
추월이 아예 없는

저기 저 막힌 듯 돌아가는 길
출구가 멀어도 좋다

내일을 예측 못할
미세 먼지 자욱해도

비상을 꿈꾸는
둥지가 여기 있다

자꾸만 잃어버린 유년이
낙엽처럼 밟히는 길

골목길

발 닿는 길 어딘들 골목길이 아니랴

마주치는 사람마다 등 돌린 지 오래지만

외롭다 탓하지 말자 저 산 표정 변함없다

방황

오늘은 또 어디서 바람이 불 것인가

허공은 자유의 품 그리고 지름길인가

한 시대 짙은 안개가 대문 밀고 있는가

해바라기

울음 참고 은거한 흔적 찾아 나선 날은

깊은 골짝 짙어진 적요한 산문에서

한사코 구름 헤치고 응시하는 해바라기

낯설은 역 머리엔 발걸음도 한적한데

도랑 내어 흘러간 고난의 세월 뒤 쪽

내밀한 정한의 심지 풀어 서성이고 있었다

백운산 미답未踏의 길을 안갯속에 묻어온 날

외로움도 가볍지 않은 사모의 일념으로

연緣깊은 해후邂逅의 때 기다려 마중 나와 있었다

제4부
세월의 강물

세월의 강물

만났던 순간들이 흘러간 지 몇 해던가

돌아보는 사람은 어디에도 보이지 않고

빈방은 그냥 그대로 꿈 깨우고 싶지 않네

아픈 줄도 모르고 시간의 채찍 속에

다 놓치고 살아온 또 하루를 보태는데

흐르는 세월의 강물 무슨 둑으로 막을꼬

* 《자유문학》 100호 권두 시조

휠체어 걸음 곁에서

저 산은 큰 걸음 걷는 골짝마다 푸른 바퀴

고난의 한 세월을 굽이굽이 둘러놓고

어느덧 반석 같은 의지로 안갯속에 길을 낸다

아무리 외면당해도 하늘처럼 의연하다

골목길이 큰길 잇는 눈에 닿는 세계를 향해

한사코 돌아설 수 없는 또 하나의 청산이네

흐르는 강물 같은 운명의 굽이굽이

침묵의 여정 앞에 돌아온 길 너무 멀어

한없는 벼랑가에서 산 같은 꿈 짓고 있네

북동시장 진입로

주택가 19번 국도
북동시장 진입로
소임을 상실해버린
오늘이 부끄러운
도심지 체면을 구기고도
손 놓고 있는 그런 풍경

인도는 주차로 메운
일방통행 버스길
위험과 안일이
한심하게 친숙해진
이 길은 아슬아슬하게
또 하루를 보내야 한다

기업가 정신의 현주소

고난의 한평생을 노을처럼 태우며

보이지 않는 난제들도 청죽같이 건져올려

금세에 거상巨商의 도를 선도하고 있었다

한때의 위기마저 인고의 꽃 피우고

내일을 열어가는 안개 짙은 날에도

싸느란 사회적 아픔을 치유하고 있었다

땀 흘린 보람 앞에 나부끼는 저 깃발

그늘진 현장에서 고난 딛고 내다보며

쌓아온 소통의 광장엔 드푸른 무늬짓네

* 기업가 정신의 출판기념회에 다녀와서 (2018. 8. 7.)

설악산 무산 조오현 큰스님 생각

한겨울 찬바람 속에 재 넘으며 바라볼 때
약수암藥水庵 빈 뜰에 서성이는 그림자 하나
좀처럼 지워지지 않는 진정한 큰 산이었다

굽이굽이 한 많은 인세人世를 하직하며
아득히 골 깊은 물음 하나 던져놓고
또 다른 세계를 향해 어디쯤 가고 있을까

긴긴날 체온 나눈 설악雪嶽도 울고 있다
뿌리 깊이 흐르는 정적靜寂을 깨워놓고
오늘은 중생의 바다 한없이 출렁인다

화개 나루터에서

봄기운 다가서도
못 느끼는 한 나그네

흘러가는 강가에서
마음 실어 보내다가

건넛산 하염없이 바라보는
산 하나가 또 있네

오고 간 많은 흔적
잠들어 들나지 않고

표정 없이 지키어 온
계절의 어느 기슭

돌아선 이 빈자리에
그림자만 설렌다

선물

언젠가 돌려보낸
은수저 생각난다

너무나 둔감한 표정
싸늘히 닿았지만

초심을 담보해 놓고
그리할 수 없었다

퇴계 선생이 내놓으신
수사受辭 기준 생각난다

단풍잎 그 한 잎 선물
시조로 남아 장수하니

필연코 주고받는 경중보다
마음 고이 닿게 할 일

지문指紋

아침이면 세수 때마다
눈 닿는 데 하나 있다
언약만큼 맑은 무늬
시간 벗고 떠오른다
아득한 깊은 내 안의
기억 속의 그림자

세월이 흘러가도
쉬지 않고 길 떠나도
한순간 스친 자국
쉽게 쉽게 잊었다가도
이윽고 무지개 같은
샘터 같은 흔들림

아는 듯 모르는 듯
그리움을 찍고 산다
그 속에도 하나쯤
잊지 못할 눈엽 같은
구름도 어쩌지 못할
밤하늘의 별빛 같은

그릇 앞에서

기약 없는 기다림을 그리움으로 안고 있는
흙의 핏줄 닦을수록 돋아나는 생각의 틀
담은 것 다 내어주고도 빈 것이 아니라네

천성으로 다듬은 몸 세월 쌓을 뿐이더냐
팽팽한 긴장감을 소리 없이 다스려 온
그리도 고요가 매서운 그대 앞에 앉아있다

순간도 분수 밖을 탐내지 않았으니
아낌없이 건네주는 부끄럽지 않은 맨살
어느 땐 청산도 강물도 거닐다 떠난 그림자

저녁길

하루의 길목에 선
마지막 시간의 난간

들녘도 산마루도
적막 속에 다 태우고

은밀히 그림자 두고
멀어지는 자국 소리

굽이굽이 흔들리며
몸 맡긴 길을 따라

너울 쓴 먼산 보며
점점 잠겨 드는 때에

아픔의 이 모서리에
불빛 하나 닿는가

잔설

어쩐지 오늘만은 생각의 올 짜고 싶다

우울한 시야 온통 헤치고 걷어내면

어느새 송이송이 닿고 있는 온기 어린 편지 사연

많이도 쪼갠 세상 하나로 연 짓는가

천지가 고요로 자욱한 포용이다가

어느새 나목의 가지 끝엔 석별의 눈물방울

산문山門

어지러운 세상사를 순리대로 간추리고

조금도 과장 없는 청청한 눈빛으로

한 번 더 일어설 수 있는 울림으로 다가온다

때때로 바람 불어도 무겁게 중심 잡으며

지난날의 겉치레는 차례대로 내려놓고

서럽고 아픈 골짝 끌어안는 포용의 믿음 준다

강물 앞에서

무심코 놓아버린 강물은 서로 안고

무거운 굽이에서 다투어 빠져나와

새로운 시야를 넓히면서 봇물 되어 너그럽다

제5부
가고파의 그림자

가고파의 그림자

너무나 안개 짙은 운명의 땅 딛고 서서

남들이 부러워하는 큰 방석도 사양하며

선열의 얼을 드높인 업적 푸르게 떠오른다

강 하나 산 하나에 세상 온통 막힌 시대

은둔과 옥중생활 번갈아 뚫고 나온

비운의 그 세월 그 흔적은 탑이 되어 고하네

수많은 필적筆跡들은 갈수록 선명하다

마지막 남기고 간 피어린『기원』* 가슴 적신다

그리운 가고파를 탄생시킨 영원한 그림자

* 노산의 시조집

바람 부는 바닷가에서

청사의 한 자락이 출렁이는 물결 앞에
진정으로 경청하고 일념으로 서 있는지
운명의 연대를 맞아 가늠하기 망망茫茫하다

줄줄이 믿음이 새는 우기雨期를 맞이하여
기다림에 지친 날은 기약 없이 저물고
돌아와 안간힘써도 너무 벅찬 시련이네

두고 간 그 세월의 남긴 자취 방임 말고
슬프도록 허망한 서두름도 경계하며
못 놓칠 운명의 소원을 풀어나갈 이 바닷가

흔적

기약 없이 지는 꽃잎
피는 동안 보는 거다

알고 보면 크고 작은
흔적 하나 위해 산다

언제나 순간에 지나지 않는
가는 걸음 오는 걸음

성파 큰 스님과 우리 시조

보기보다 낯설지 않은 천년의 숨결 어린
시조 그 고난의 길에 진정으로 손잡아 주신
큰스님 참 고마움을 다 표하지 못합니다

속 깊은 저음이며 산 같은 울림입니다
비바람 불어와도 본연의 자세 불변입니다
이처럼 온유로 향한 신뢰가 호수처럼 청명합니다

백계산 동백림

마음 가는 산 하나를 누군가 묻는다면
도선국사 길 내고 간 백계산을 짚을 거다
그리도 천년 숨결 출렁이는 고운 상처 못 잊는다

근심 걱정 내려놓고 일상을 등진 걸음
수천 그루 동백림이 풍우 속에 모양 지어
송이째 뚝뚝 떨어지는 무상의 울림 앞에 섰다

가고파의 은유

외로울 때 고해야 할 별빛 같은 노래가 있다

엄동을 견디어낸 야생화의 심지처럼

새는 날 청순한 기를 모아 그대 앞에 바친다

심심찮게 흔들어도 무너질 수 없었다

고난 딛고 일어서며 가다듬고 다져온 날

한사코, 놓칠 수 없는 청죽 같은 향 피우네

긴 세월 익힌 정성 청산처럼 울리는데

오직 하나 임을 향한 소통의 다리를 놓아

격 높은 겨레의 노래, 불멸의 성을 쌓네

그리운 백계산

한겨울을 보내주고
무료無聊히 지낼 때면

남녘 땅 고개 너머
동백림冬柏林이 떠오른다

바람도 쉬었다 가는
이른 봄은 거기 있다

유서 깊은 옥룡사지
그 흔적 숨어온 날

이슬 같은 기를 모아
하염없이 무늬 짓는

천연의 풍경 소리 여운 비낀
이른 봄은 거기 있다

발돋움하는 깃발

새로운 느낌을 주는 아침을 막 열고 있다
가장 정결한 소망이 물빛처럼 피어나는
반가운 얼굴이 있다 만남의 기쁨이 있다

언제나 흔들림 없는 불씨를 갈무리하고
이리저리 부는 바람의 방향을 바로잡아
의연히 발돋움하는 깃발이 우뚝 서 있다

합포의 얼 함양하는 역사의 거울이 되고
사랑이 고루 닿는 신선한 샘물로 솟아
눈부신 도약을 위한 기다림이 설렌다

설야의 대숲 소리

어둔 시대 가슴 울린

별빛 같은 우리 노래

절절히 은유한

숙연한 그 울림

한사코 끈 놓지 않는

설야의 대숲 소리

봄 백계산

도선국사 발자국이 그늘 따라 피어나는

진홍의 동백꽃이 무르익는 봄 백계산

샘물은 돌 틈에서 넘쳐 나와 산의 청순淸純 포갠다

* 백계산: 전라남도 광양시 옥룡면 소재 동백림산.
　　　신라 말 도선국사가 지은 옥룡사지가 있음.

열차

그리움에 맺힌 사연
한 아름 풀어놓고

산 뚫고 사라져 버린
열차가 남긴 울림

아직도 가슴이 벅차
멍청히 바라본다

끝 모를 레일 위에
우리들은 실렸는가

시간표에도 없는 약속을
잉태한 저 평행선

어쩌면 태연스럽게
일상은 달리는지

보洑의 노래

흘러가는 강물이지만 쉬어가게 하는 거다

단양천 복도소複道沼가 농경을 이룬 지혜

설레는 푸른 하늘 한 자락 구름도 쉬고 가네

* 단양천 복도소: 1548년 퇴계 선생이 단양 군수로 재임 중 단양천에 보를 축조하여 농경에 크게 도움을 준 한국 보의 효시라 함. 뒷날 충주댐에 흡수됨.

시조 앞에서 1

향가에 뿌리를 둔 역사 오랜 내 그림자

절제와 대안을 찾는 이 아픔의 길 위에서

이 세상 어떤 일보다 그 보람 변함없다

시조 앞에서 2

멀고 먼 풍상을 건너 한 줄기로 성장해온

그대 앞에 다시 서면 당부하는 귀띔 있네

그것은 자존심 지키는 일 우리가 주인이라고

해설

정결한 소망이 물빛처럼 피어나는 그리움의 서정
— 김교한 선생의 시조 미학

유성호(문학평론가, 한양대학교 국문과 교수)

해설

정결한 소망이 물빛처럼 피어나는 그리움의 서정
– 김교한 선생의 시조 미학

유성호(문학평론가, 한양대학교 국문과 교수)

1. 김교한 시조의 귀결이자 매듭

김교한(金敎漢) 선생의 신작 시조집을 앞에 두고 떠오르는 삽화 하나가 있다. 연전에 만해축전의 일환으로 '율(律)' 동인에 대한 문학사적 검토가 이루어진 적이 있는데, 동인 한 분 한 분에 대한 시인론 형식으로 마련된 이 세미나에서 나는 오현 큰스님의 배려로 김교한 선생을 맡게 되었다. 선생의 시조를 전체적으로 읽고, 통화를 두어 번 하고 또 보내주신 자료를 받아 그것을 반영하여 원고를 넘기고, 그해 8월 인제에서 발표를 할 수 있었다. 발표문은 「정형 안에 담긴 푸른 절의와 깨끗한 시심」이라는 제목으로 그해 만해축전 학술세미나 자료집에 실렸다. 그 글에서 나는 "선생에게 시조는 오랜 세월을 축적하면서 인간의 경험과 지혜를 담아내는 그릇 역할을 오롯하게 담당해왔고, 고전적 감각과 성정과 깨달음에 무게중심을 두면서 가장 안정적인 형식을 유지해왔다."라고 썼다. 이번에 펴내는 신작 시조집도 큰 틀에서는 그러한 기율과 방법이 유지되고 있고, 또 그 점에서 김교한 시조의 온전한 귀결이자 새로운 매듭이 되고도 남음이 있을 것이라고 말할 수 있다. 여기서는 그때의 글과 내용적으로 겹쳐지지 않으면서 김교한 선생의 근작(近作)들을 살피는 과정을 담아보려고 한다. 김교한 시조의 지속성과 난숙함을 동시에 보여주면서, 지나온 시간에 대한 그리움과 스스로를 향한 준열한 다짐을 새기고 있는 이번 시조집의 경개(景槪)를 살피려는 것이다. 이제 그 소담하고 잔잔한 세계의 안으로 한번 들어가 보도록 하자.

2. 그리움의 힘에 의해 만져지는 미학적 위의(威儀)

'시조(時調)'를 포함한 모든 서정시는 일종의 자기 기원(origin)에 대한 기억과 고백 그리고 동질적인 자기 확인의 과정을 창작 동기로 삼게 마련이다. 서정시의 근원적 존재 방식은 궁극적으로 자기 귀환을 시도하는 데 있을 것이기 때문이다. 따라서 그 바닥에는 시인 자신이 오랫동안 겪은 절실한 경험 가운데 가장 농밀한 기억이 녹아 있는 경우가 많다. 김교한 선생의 시조는 이러한 원리를 충실하게 구현한 사례로서, 경험 속에 쌓아온 오랜 시간을 모아놓은 '기억의 축도(縮圖)'라고 할 수 있을 것이다. 선생은 지나온 시간 속에 머무르던 사람과 사물과 순간을 불러내어 선명하게 인화된 자신의 기억을 그 안에 담아 보여준다. 그 기억은 대체로 어떤 원형에 대한 그리움을 호소하는 근원적인 것들에 의해 감싸여 있는데, 김교한 선생은 그것들을 통해 절절한 그리움의 대상이 되는 세목을 아름답게 재현해내고 있다.

    우리들은 언제부턴가

큰길 앞에 서 있었다

그리고 인내하며

멀리 보고 가야 했다

아쉬움 참아 가면서

세월 앞에 성찰해 왔다

고향길 하나 되게

그대가 있어 가능했다

비 오고 바람 불어도

자국 놓고 오가는

언제나 그리운 노래가 울릴

광장은 기대가 크다
―「그리운 역」 전문

 어디나 '역(驛)'은 아쉬움 속에서 멀리 보고 가야 했던 곳이자, '큰길'로 나아가기 위해 인내했던 세월의 기착지이기도 했을 것이다. 김교한 선생에게 '마산역'은 세월을 성찰하게 하였고, 고향길을 하나 되게 하였고, 비바람 불어도 아름다운 자국을 남겨놓았던 "그리운 노래"의 광장이었다. 누군가의 기대를 크게 하였고 누군가를 만나고 누군가를 떠나보냈던 그 '광장'은 이제 '그리운 역'이 되어 선생으로 하여금 "한동안 돌고 돌아 성숙해진 기다림"(「꽃잎 언저리」)을 느끼게끔 해주고 "언젠가 떠나야 할 세월의 갈림길"(「낙엽이 지고 있다」)을 마음속에 간직하게끔 해준다. 그렇게 김교한 선생의 그리움은 가슴으로 한없이 밀려들어왔다가 '역'이라는 구체적 공간으로 이월하여 그곳을 채우고 또 넘치게 하고 있는 것이다.

      바람이 일 때마다 돌아설 명분이 선다

      저문 날 한 잎 두 잎 떨어지며 흔들리는

      한 생애 순간을 지피는 찬란한 작별이 있다

      만류挽留를 팽개치고 변신한 석양길에

      장엄한 몸짓들이 허공을 두드리며

      우수수 고향이 그리운 시절 다 참고 물러서는가
      — 「낙엽은」 전문

 '역'에서 한없는 그리움을 노래한 김교한 선생은 이제 지상으로 떨어지는 '낙엽' 형상을 통해 고향이라는 존재론적 원적(原籍)과 지나온 시절에 대한 깊은 그리움을 툭아 올리고 있다. 바람이 일 때마다 낙엽은 돌아설 명분으로 흔들리며 떨어져간다. 그렇게 "한 생애 순간을 지피는 찬란한 작별"이야말로 우리의 삶을 축약한 형식인지도 모른다. 가령 석양이 지는 길에 들어선 낙엽의 장엄한 몸짓은 "고향이 그리운 시절"을 참으면서 물러서는 내면의 은유로 다가오고 있지 않은가. 육신의 소멸을 비유할 때 차용되는 '낙엽' 이미지는 여기서 "내밀히 기다리며 가꾸어온 계절의 빈자리"(「계절의 빈자리」)나 "드디어 회상(回想)의 길 건너 성숙의 문 여는"(「낙엽의 귀로」) 순간으로 도약하고 있는 것이다. "바람의 발자국이 시간을 익힐수록"(「낙엽 그 감춘 함성」) 더욱 강렬해지는 미학적 순간이 거기에 농울치고 있다 할 것이다. 이렇게 그리움의 대상을 고향의 '역'과 지난 '시절'로 가져왔던 선생은 이제 구체적인 사람으로 그 시선을 옮겨간다.

> 한겨울 찬바람 속에 재 넘으며 바라볼 때
> 약수암藥水庵 빈 뜰에 서성이는 그림자 하나
> 좀처럼 지워지지 않는 진정한 큰 산이었다
>
> 굽이굽이 한 많은 인세人世를 하직하며
> 아득히 골 깊은 물음 하나 던져놓고
> 또 다른 세계를 향해 어디쯤 가고 있을까
>
> 긴긴날 체온 나눈 설악雪嶽도 울고 있다
> 뿌리 깊이 흐르는 정적靜寂을 깨워놓고
> 오늘은 중생의 바다 한없이 출렁인다
> ―「설악산 무산 조오현 큰스님 생각」 전문

오현 큰스님은 「침목(枕木)」이라는 작품에서 역사를 떠받쳐온 모든 순간이 다 철로를 가능케 해준 것이라고 노래함으로써, 역사의 매순간이 제 나름의 의미를 가진 것이라는 전언을 들려준 바 있다. 스님은 어두운 세상의 억압을 받는다 해도, 혹은 쓸모없어 버림을 받는다 해도, 그것은 모두 "긴 역사의 궤도를 받친/한 토막 침목"의 역할을 저마다 감당해낸 것이라고 힘주어 노래한 것이다. 비록 자신의 생애는 한 줌 재로 남았을지라도 그것이 역사 행간에 견고하게 존재하는 침묵의 형상을 취하고 있다는 스님의 사유야말로 오래도록 우리의 그리움으로 남을 것이다. 그러나 이제 스님과 만난 모든 순간은 하나하나의 '침묵'이 되어 역사 저편으로 흘러갔다. 바로 그 순간을 김교한 선생은 '큰스님 생각'이라는 제목으로 쓰고 있는데, 그 옛날 한겨울 약수암(藥水庵) 빈 뜰에 서성이던 "그림자 하나"가 지워지지 않는 진정한 큰 산으로 다가오던 그 순간 말이다. '약수암'은 오래 전 "오직 한 스님만 구름 멀리 뚫어보는"(「약수암」) 그 인상적인 순간을 선생에게 남겼다. 이제 한 많은 인간 세상을 떠나 "골 깊은 물음 하나"를 화두처럼 던져놓고 "또 다른 세계"를 향해 떠난 스님의 발자취는 설악(雪嶽)도 울리고 "중생의 바다"도 출렁이게 한다. 김교한 선생의 흉중에 큰스님은 "구름도 어쩌지 못할/밤하늘의 별빛 같은"(「지문(指紋)」) 광채로 남아 있는 것이다.

이처럼 김교한 선생은 시간과 공간과 인간에 대한 그리움을 사사로운 개인적 경험으로부터 근원적인 경험에 이르기까지 넓은 진폭으로 형상화함으로써, 과거 지향에 머물지 않고 가장 깊고 오랜 자신의 기원을 유추하고 있다. 그만큼 선생의 기억은 망각될 수 있는 것들을 제구(再構)해가는 서정시의 오랜 기율이자 원리이기도 할 것이다. "그리움에 맺힌 사연"(「열차」)을 열어가는 데 심혈을 기울이는 김교한 선생의 이러한 작법이야말로 자신만의 기억을 통해 자신을 가능하게 했던 근원적인 것들을 적극 탐구해가는 김교한 선생의 모습을 약여하게 보여준다. 김교한 선생의 미학적 위의(威儀)가 그러한 그리움의 힘에 의해 만져지는 순간이 아닐 수 없다.

3. 역사의 흐름을 탐구하는 혜안과 의지

 김교한 선생의 시조집에서 우리가 느끼는 가장 중요한 미학적 장치는 '시간'이다. 아닌 게 아니라 서정시는 시간에 대한 경험과 미학적 재구성이라는 고유한 양식적 특성을 띠고, 시간에 대한 면밀한 탐색을 통해 삶의 궁극에 대한 상상적 경험을 치러내게 마련 아닌가. 김교한 선생은 자신의 상상력과 경험을 시간으로 투사(投射)하여 유한자(有限者)로서 꿈꿀 수밖에 없는 궁극적인 차원을 노래해간다. 나아가 실존적이고 과정적인 존재자로서의 인간이 전혀 다른 시간으로 옮겨가는 상상적 흐름을 보여준다. 특별히 시간 형식 가운데 김교한 선생의 준열한 정신이 반영되는 것은 '역사'일 것이다. 이때 역사란 물리적 시간에 생성적 의미를 부여하려는 선생의 각별한 의지에서 탄생하는데, 이러한 시간 형식이 김교한 시조의 원리 가운데 가장 고전적인 것이라고 할 수 있을 것이다. 하지만 이러한 원리가 과거와 현재의 유비적(analogical) 관계를 노래하는 데 멈추는 것은 아니다. 그것은 대상 자체의 서사적 계기를 품으면서도 선생 자신의 가치 지향성을 드러내는 경향을 함께 보여주기 때문이다. 다음 시편을 먼저 읽어보자.

  너무나 안개 짙은 운명의 땅 딛고 서서

  남들이 부러워하는 큰 방석도 사양하며

  선열의 얼을 드높인 업적 푸르게 떠오른다

  강 하나 산 하나에 세상 온통 막힌 시대

은둔과 옥중생활 번갈아 뚫고 나온

비운의 그 세월 그 흔적은 탑이 되어 고하네

수많은 필적筆跡들은 갈수록 선명하다

길 아닌 길 질책한 피어린『기원』가슴 적신다

그리운 가고파를 탄생시킨 영원한 그림자
— 「가고파의 그림자」 전문

  노산(鷺山) 이은상(李殷相)에 대한 김교한 선생의 사랑과 경의는 거듭 이번 시조집 안에서 출렁이고 있다. 선생에게 노산은 "우리말 수호를 위해 헌신한 그 자취 우뚝"(「샘터 생각」)한 "바위 같은 신념으로 어둔 시대 대항해온"(「샘터 앞에서」) 존재이다. 더불어 안개 짙은 땅을 딛고 서서 "선열의 얼을 드높인 업적"으로 푸르게 빛나는 문필가이고 "은둔과 옥중생활 번갈아 뚫고 나온//비운의 그 세월"을 쌓아온 선명한 필적(筆跡)들로 남은 분이기도 하다. '청년 김교한'에게 시조의 기원이기도 했을『노산시조집』은 지금도 가슴을 적시면서 "그리운 가고파를 탄생시킨 영원한 그림자"가 되어 선생의 존재론적 원형을 이루고 있다. 그래서 선생은 "티 없는 고향의 얼굴 하나 환하게"(「가고파 시비 앞에서」) 떠올리면서 "세월 속에 노을 비낀 침묵의 무게"(「다시 본 가고파 시비」)를 실어서 "외로울 때 고해야 할 별빛 같은 노래"(「가고파의 은유」)를 부르고 있는 것일 터이다. 아닌 게 아니라 김교한 선생은 이은상 시조선집『가고파』(경남시조시인협회 · 화중련, 2012)의 「편집후기」에서 "시조의 현대화에 크게 공헌한 노산의 시조가 도서관 또는 서점에서 자취를 감춘 지 오래되었다. 이제 젊은 학생들까지 누구나 노산의 시조를 쉽게 대할 수 있게 한 권의 선집으로 간추려 노산의 대표시조 '가고파'라 이름 붙여 이 땅에 내놓게 된 것은 우리들의 숙원이었으며 경사라 하지 않을 수 없다."라고 정성스레 썼다. '숙원'과 '경사'라는 말 속에 노산을 향한 선생의 경모(敬慕)가 깊이 숨겨져 있다 할 것이다.

여기저기 파인 자국 가슴 깊이 물든 날에

폐허처럼 무거운 아득한 그림 앞에서

세월이 지칠 때까지 사려 깊게 바라보자

어둠을 지키고 있는 별빛 같은 꿈을 묻고

얼룩진 지도에도 경계 없이 피는 꽃들

오직 그 기다림이 있기에 비바람 탓하지 않네

어쩌랴 서해 격랑 잠들 기미 보이지 않고

시간의 무한 자원 상처만 보태는가

분계선, 얼마를 더 지탱하랴 청산은 한 줄기다
— 「얼룩진 지도에도」 전문

이번에는 현대사의 분단 현실에 대해 주목하고 있다. 상처로 얼룩진 지도에는 "여기저기 파인 자국"이나 "폐허처럼 무거운 아득한 그림"이 새겨져 있는데, 선생은 깊은 사려와 오랜 기다림으로 "어둠을 지키고 있는 별빛 같은 꿈"을 묻은 채 "경계 없이 피는 꽃들"이 우리 국토가 한 줄기의 청산이었음을 증언하는 순간을 채록하고 있다. '분계선(分界線)'에 의해 잠정적으로 나뉜 지도에서 "시간의 무한 자원"을 통해 오랜 기다림을 수행해온 선생의 믿음 앞에서 우리는 "아직도 더 참고/믿음 주고 싶은 날"(「절차(節次)」)을 만나게 되고 국토에서 "한사코 돌아설 수 없는 또 하나의 청산"(「휠체어 걸음 곁에서」)을 느끼는 깨끗한 갈망을 경험하게 된다.

  이처럼 김교한 선생은 우리의 고대사, 근대사, 현대사의 빛과 그늘을 통해 역사의 흐름을 탐구하는 혜안과 의지를 일관되게 보여준다. 그동안 우리는 시간의 깊이를 헤아리지 못하고 현재의 속도감만을 취하는 척박한 역사를 축적해왔다. 하지만 선생은 우리 시대가 아무리 크고 빠르고 새로운 것만 찾아다니는 지향을 보인다 하더라도, 작고 느리고 오래된 존재자들이 여전히 우리를 감싸고 있으며 또 우리로 하여금 본원적 가치를 잃지 않고 살아가게끔 하는 원리를 옹호한다. 그래서 역사의 비극성에 참여하면서도 우리 민족의 궁극적 관심을 암시하는 밝은 시선을 우리에게 전해준다. 그렇게 "청사의 한 자락이 출렁이는 물결 앞에"(「바람 부는 바닷가에서」) 서서 가야국의 역사, 노산의 시조, 분계선의 한시적 상처 등 역사의 비극성과 그에 대한 따뜻하고 겸허한 시선을 동시에 보여주면서 선생은 동시대 사람들을 향해 역사의 의미를 건네고 있는 것이다. 이는 김교한 선생의 사유가 추상적 선언에 있는 것이 아니라 구체적인 역사적 실감에 놓여 있음을 보여주는 중요한 대목이 아닐 수 없다.

4. 아득하고 깊은 세월의 무게

 다음으로 우리는 김교한 선생이 노래하는 '세울'에 가닿을 수 있을 것이다. 노경(老境)의 화자가 전해주는 따스한 지혜가 가득한 각 시편에는 오랜 세월을 살아온 이의 가없는 사랑과 연민의 마음이 아름답게 구현되어 있다. 그런가 하면 선생은 생동하는 에너지의 언어를 가득 풀어놓고 있기도 하다. 환하게 밝아오는 신생의 에너지가 시조집 안에 참으로 그득하다. 그래서 우리가 김교한 시조를 읽는 것은, 낡은 시간의 소멸에 대한 서늘한 예감과 함께, 새롭게 번져오는 시간의 따뜻한 기운을 한꺼번에 베어 무는 일과 같다. 그렇게 김교한 시조는 찬란한 노경의 지혜와 새롭게 다가오는 신생의 기운이 이채롭게 결속되어 있는 세계인 셈이다. 황혼과 여명의 결속을 노래하면서 자신이 살아온 생애를 돌아보는 선생은, 만만찮은 세월을 지나온 기억과 그로부터 비롯된 아픈 서사(narrative)를 애틋한 순간으로 끝없이 불러온다. 순결했던 날들을 추억하는 차원에서 시작하여 가장 근원적인 형상을 한 시간을 포괄하는 데까지 이르면서, 선생은 시간에 대한 아득하고 깊은 경험과 해석을 지속적으로 열어가고 있는 것이다.

> 지고 싶어 지는 꽃이
>
> 어디에 있겠는가
>
> 가신 봄 데려다 놓고
>
> 제 먼저 길 떠나니

바람도 어지러이 불어

상처만 내고 있다.
—「목련꽃 지는 날」 전문

돌아보니 한 줄기 빛의 이랑 짓더니만

바람 앞에 쉽게 지는 심지 약한 꽃잎같이

초심이 무너지는 소리 느낌으로 다가온다

그늘 짙게 깔아 놓고 돌아서는 서산 노을

남몰래 겪어야 할 비정한 시간 앞에

점점 더 저물고 있는 길섶에서 돌아본다
—「초심」 전문

김교한 선생은 목련꽃의 낙화(落花) 양상이 인생의 조락과 닮아 있다고 느낀다. 지고 싶어서 지는 꽃이 존재하지 않듯이, 가신 봄 데려다 놓고 먼저 길 떠나는 인생도 세월의 무게에 따라 흘러가는 것일 뿐이다. 바람 어지러이 불 때 덧나는 상처와도 같은 낙화의 순간에서 우리는 유한자로서의 겸허함과 언제고 그리로 돌아가야 하는 초심(初心)에 가닿게 된다. 바람에 쉽게 지는 꽃잎처럼 초심이 무너지는 때가 많았지만, 김교한 선생은 서산 노을처럼 다가온 "점점 더 저물고 있는 길섶"에서 초심으로 돌아가야 하는 윤리적 당위를 느끼고 있다. "아침인가 여겼더니 어느새 저녁"(「저 하늘」)으로 흘러온 세월 앞에서 "절절히 은유한/숙연한 그 울림"(「설야의 대숲 소리」)을 듣고 있는 것이다. 우리는 시간의 흐름을 형상화하는 전통이 우리에게 얼마나 지속적이었는가를 잘 알고 있다. 그만큼 시간 형상은 서정시의 주류로 기능해왔고 이때 시간은 우리 서정시의 경험 속에 근원적으로 녹아들어 형이상학적 관념이나 윤리적 우의(寓意)를 추구하기도 하고 시간 자체의 물질성을 바탕으로 한 인생론적 관점을 보여주기도 하였다. 그 가운데 김교한 선생은 시간 그 자체의 심미성을 소묘하면서 시간의 형상을 세월의 무게로 노래하는 존재론적 빛을 한없이 뿌리고 있는 것이다.

> 시린 땅에 발을 딛고 고난의 길을 열고
>
> 비바람 머금은 채 묵묵히 연륜을 지어
>
> 그 삶의 가지를 더해 그림자를 키워 왔다
>
> 불신의 거리조차 스스로 걸러내며
>
> 층층이 발 돋우어 철마다 커온 분수
>
> 하늘에 허물을 벗고 빗질 홀로 하고 있다
>
> 어느덧 가을을 맞아 군데군데 이끼 자국
>
> 기억의 동강 달고 수리먹은 품을 안고
>
> 세월을 놓치지 않는 거울 되어 서 있다
> ―「세월 그 고목」 전문

흘러가는 세월은 이제 우람한 '고목'에 비유되고 있다. 물론 고목이 되기까지의 세월은 시린 고난의 시간이었다. 그리고 비바람에도 불구하고 묵묵히 키워온 그림자는 고목으로 하여금 지극한 연륜을 가능하게끔 했을 것이다. 그렇게 층층이 몸을 키우면서 지금까지 살아온 고목은 군데군데 이끼 자국이 남았지만 "세월을 놓치지 않는 거울"처럼 굳건히 땅을 디딘 채 새로운 세월을 환하게 밝히고 있다. "표정 없이 지키어온/계절의 어느 기슭"(「화개 나루터에서」)에서 "때 되면 또다시 시작하는 일념으로/그리도 잔잔한 울림을 하염없이 뿜고"(「주남저수지에서」) 있는 것이다. 창연(蒼然)하고 웅숭깊은 시간의 문양(紋樣)이 그 안으로 흐르고 있지 않은가.

　이처럼 김교한 선생이 세월의 형상을 통해 보여주는 것은 시간의 풍화를 겪으면서 사라져간 존재자들의 흔적에 대한 예민한 감각과 사유라고 할 수 있을 것이다. 그것이 사물이든 기억이든 시간이 지나간 후의 흔적이든 삶과 죽음, 신생과 소멸의 필연적 불가분리성을 찾아내는 데 골몰하면서, 선생은 소멸이 어떤 정지된 상태가 아니라 삶과 죽음의 호혜적 관계가 이루어낸 현상임을 노래한다. 지나온 시간의 심연을 성찰하려는 의지를 적극 드러내면서, 시간의 움직임을 통해 삶의 '다른 목소리(the other voice)'를 들으면서, 선생은 그렇게 자신만의 존재 전환을 실천하고 있는 것이다. 아득하고 깊은 세월의 무게가 잔잔하게 전해져온다.

5. 우뚝한 형상을 드리운 시조의 거목으로

　나아가 김교한 선생은 시조시인으로서의 정체성에 대하여,

그리고 시조 창작이라는 행위의 본질에 대하여 마음 깊이 생각하고 표현해간다. 선생이 시조를 통해 가닿고자 한 대안(對岸)은 '시조' 자체에 대한 메타적 사유의 언덕이었던 셈이다. 말하자면 선생은 '시조는 무엇인가'라는 질문을 끊임없이 던지고 스스로 답해간다. 이때 선생에게 '시조'란 삶의 거울이자 광장이자 내적 파동이기도 할 것이다. 그리고 선생은 섬세한 사유와 감각으로 그러한 파동의 구체적 육체를 현전해간다. 그래서 결국 시조는 상처와 사랑을 동시에 가능하게 하던서 영원과 순간, 생성과 소멸의 속성을 두루 보여주는 삶의 형식이 된다. 선생은 자신의 존재론적 궁극을 모어(母語)로 상상해가는 것인데 이때 모어에 대한 탐구와 실천으로 자신의 정체성을 회복하고 완성하려는 의지는 선생으로 하여금 시조야갈로 모어를 가장 아름답게 펼쳐내는 예술 양식임을 알게끔 해준다. 그 예술적 정점에 자신이 나고 자란 땅과 거기서 함께해온 모어가 깊이 자리잡고 있는 것이다. 그 땅과 모어의 양식적 결속체가 말하자면 '시조'인 셈이다.

> 향가에 뿌리를 둔 역사 오랜 내 그림자
>
> 절제와 대안을 찾는 이 아픔의 길 위에서
>
> 이 세상 어떤 일보다 그 보람 변함없다
> ―「시조 앞에서 1」 전문
>
> 멀고 먼 풍상을 건너 한 줄기로 성장해온
>
> 그대 앞에 다시 서면 당부하는 귀띔 있네

> 그것은 자존심 지키는 일 우리가 주인이라고
> ―「시조 앞에서 2」 전문

  시조 앞에서 쓴 이 두 편의 '시조에 관한 시조'는 그대로 김교한 선생의 시조관(觀)을 섬세하게 들려준다. 문학사적으로 보아 시조는 "향가에 뿌리를 둔 역사"를 가지고 있고, 선생 개인에게는 "오랜 내 그림자"를 깊이 드리우고 있다. "절제와 대안을 찾는 이 아픔의 길"이라는 표현에서 시조의 양식적 특성이 잘 드러나고 있고, 이 세상 어떤 일보다 시조시인으로서 느끼는 변함없는 보람을 노래할 때 김교한 선생의 눈빛은 형형하게 몸을 바꾼다. 더불어 "멀고 먼 풍상을 건너 한 줄기로 성장해온" 시조의 역사를 회상할 때 선생은 시조야말로 "자존심 지키는 일"이고 그때 비로소 "우리가 주인"임을 느끼고 있다. "그 그리움의//정적(靜寂)이 살아 푸른"(「고요 푸른 연지정(沈知亭)」) 언어 속에 다가오는 "그 울림"(「회상의 완월폭포」)이 바로 정형 양식의 고유한 가치요 호환할 수 없는 우리의 속마음일 것이다. 그래서 선생은 시조 안에서, 시조를 통해, 시조를 쓰면서, 그것이 영원히 "마음 고이 닿게 할 일"(「선물」)임을 강조하고 있는 것이다.

> 바람에 휘는 법을 가지마다 익히면서
> 오늘도 헛딛지 않는 계절의 지팡이 되어
> 잎 지는 울음소리마저 귀 기울이며 우뚝 섰다
>
> 기대고 싶은 둥지를 짓고 지친 걸음 망설이는가
> 온갖 풍상 다 헤치고 시간의 대하 건너온
> 우람한 이 원로 앞에서 길손은 길을 묻는가
> ―「거목 앞에서」 전문

이제 김교한 선생은 "바람에 휘는 법"을 익히면서 "헛딛지 않는 계절의 지팡이"가 되어 우뚝 서 있는 거목(巨木)을 바라보고 있다. 거목은 자신의 몸에서 떨어져나가는 잎의 울음소리에도 귀를 기울인다. "기대고 싶은 둥지"는 "지친 걸음"과 "온갖 풍상"과 "시간의 대하"를 모두 건너온 우람하고도 넉넉한 그만의 품을 은유하는 것일 터이다. 여기서 선생은 스스로를 '길손'이라 명명하고 "이 원로 앞에서" 길을 묻는다고 노래한다. 이 거목은 선생에게 '시조'이기도 하고, '노산'이기도 하고, 우리 '역사'이기도 하고, '인생' 그 자체이기도 할 것이다. 평생토록 "그리움의 씨 뿌린"(「고향의 눈」) 세월을 모아 "자꾸만 잃어버린 유년이/낙엽처럼 밟히는 길"(「잊지 못할 유년의 길」)이나 "기약 없는 기다림을 그리움으로 안고 있는"(「그릇 앞에서」) 시간을 펼쳐가면서 김교한 선생은 "정결한 소망이 물빛처럼 피어나는"(「발돋움하는 깃발」) 그리움의 서정을 지금 여기에서, 스스로 시조시단의 거목이 되어, 진중하고도 간단없이 펼쳐가고 있는 것이다.

 우리 시조는 양식적 동일성과 구심력을 견고하게 지키면서도 현대사회의 복합성을 풍부하게 드러내야 하는 이중의 과제를 부여받고 있다. 그래서 좋은 시조는 완미한 정형 양식 안에 우리 시대의 현실을 순간적으로 드러내면서도 우리로 하여금 상상적인 대안 질서를 경험케 하는 데서 가능해질 것이다. 그러한 시조 작품은 한 걸음 더 나아가 현실과 꿈의 복합적 접점을 풍요롭게 언표하는 기능을 맡으면서, 자연스럽게 우리를 둘러싼 불모의 현실과 그것을 치유하려는 꿈 사이의 긴장에서 발원하는 기록으로 나아가게 될 것이다. 김교한 선생의 시조는 현실과 꿈 사이의 기막힌 긴장과 균형을 오랫동안 자산으로 삼아

오면서, 우리로 하여금 긴장과 균형을 벼려가는 언어를 소중하게 바라보게끔 해주고 있다. 이러한 흐름이 우리 시조시단에 든든하고 은은하게 선생을 기록하게끔 하는 가장 중요한 요인일 것이다.

  정형시는 우리의 사유와 감각을 구심적인 곳으로 인도해간다. 정형이라는 현저한 외적 제약에도 불구하고 원초적 통일성을 회복하려는 서정 양식의 본래적 지향을 단호하게 견지함으로써 시조는 이러한 질서와 구심력을 고유하게 획득해간다. 우리는 김교한 선생이 보여주는 시조의 미학을 통해 이러한 직관적이고 고요한 정형의 세계를 경험하면서 동시에 삶의 고요한 경지를 유추해내는 가볍지 않은 힘을 알게 된다. 결국 선생은 시간의 흐름 속에서 삶의 성찰을 위한 표상들을 천천히 발견해가고 있다. 김교한 선생의 생애가 곧고 정직하고 투명하고 깨끗했던 만큼 그의 언어도 울림이 크고 곧고 그래서 우리로 하여금 옷깃을 여미게 하는 힘을 갖추고 있는 것이다. 그 점에서 김교한 선생은 우리 시조시단을 지켜왔고 또 지켜갈 진광불휘(眞光不輝)의 거목인 셈이다. 이번 시조집 발간을 축하드리면서, 앞으로도 선생의 강직한 필력과 깊은 곳에서 우러나오는 따뜻한 성정(性情)과 말씀이 우리 모두에게 하염없이 전해져 오기를, 마음 깊이 희원해본다.

시조인 김교한

울산광역시 울주 출생
1960년 문교부 시행 고등학교 교사 자격 검정고시 합격
    (서예과)
1964년 보건사회부 공모 '기생충 예방의 노래' 가사 당선
1965년 '율시조' 동인 활동
1966년 《시조문학》 3회 천료, 마산문인협회장
1968년 《마산문학》 창간호 간행
1968년 '고향의 봄' 노래비 건립위원회 부위원장
    (위원장 박두석 경남매일 사장)
1968년 《경남문학》 간행위원장
1969년 《경남문학》 창간호 간행
1970년 노산 이은상 가고파 노래비 건립위원
    (산호공원에 건립-위원장 김종신 매일신문 사장)
1982년 마산시조문학회장 (창립)
1996년 한국시조시인협회 부회장
1996년 제35회 경상남도문화상 심사위원회 부위원장
1996년 한국시조문학상 운영위원장
2002년 노산시조연구회장
2016년 제1회 노산시조문학상 운영위원장

시조집 『분수』,『도요를 찾아서』,『대』,『미완성 설경 한 폭』
(현대시조 100인선)『잠들지 않는 강』,『그리운 역』
수상 문교부장관상, 경상남도지사상, 경상남도교육감상, 대통령표창장, 성파시조문학상, 경상남도문화상, 국민훈장동백장, 유심작품상특별상. 한국문학상 등
근무 청량중학교, 마산여자고등학교 교사, 마산중학교, 마산고등학교 교감. 화개중학교 교장, 마산시교육청 학무과장, 김해시교육청 교육장, 양덕중학교 교장 등
현재 마산문인협회, 울산시조시인협회, 경남시조시인협회, 경남문인협회, 한국시조시인협회, 한국문인협회 고문

Tel. 010-5737-1331

이 도서의 국립중앙도서관 출판예정도서목록(CIP)은 서지정보유통지원시스템 홈페이지(http://seoji.nl.go.kr)와 국가자료종합목록 구축시스템(http://kolis-net.nl.go.kr)에서 이용하실 수 있습니다.
(CIP제어번호 : CIP2020034338)

창연기획시선 002

그리운 역

2020년 9월 18일 발행

지 은 이 ㅣ 김교한
편 집 인 ㅣ 이소정
펴 낸 이 ㅣ 임창연
펴 낸 곳 ㅣ 창연출판사
주   소 ㅣ 경남 창원시 의창구 읍성로 39
출판등록 ㅣ 2013년 11월 26일 제2013-000029호
전   화 ㅣ (055) 296-2030
팩   스 ㅣ (055) 246-2030
E-mail ㅣ 7calltaxi@hanmail.net

값 12,000원
ISBN 979-11-86871-79-9   03810

ⓒ 김교한

* 이 책의 판권은 저자와 창연출판사에 있습니다.
* 양측의 서면 동의 없이 무단 전재나 복제를 금합니다.
* 이 책은 경남문화예술진흥원의 문화예술지원을 보조받아 발간되었습니다.